李其琼

敦煌成了我生命的全部，也许光荣来源于苦难，最高的爱来自深渊。

关友惠

一个人在洞窟临画非常安静，除了偶尔可以听到窟外树叶经风吹动，轻轻的沙沙声，就只有画笔运行时发出的气息与心音。临画思想高度集中时，有时会忘掉自己，据说禅僧入定时就是这样。

万庚育

自1954年我和（李）贞伯决定从北京到敦煌莫高窟那天起，我们就没为当初的选择后悔过，因为我们热爱敦煌艺术，能在世界瞩目的莫高窟工作，学习传承研究弘扬敦煌艺术，是多么荣幸！

李云鹤

我今年八十五岁了，已有些力不从心，无法抢救修复更多的文物了。但我毕生作为一名匠人的信念没有丝毫动摇。我会干到我干不动为止，我也会把自己用了几十年的工具传承给我的儿子，让他继续把优秀的敦煌壁画修复技术和匠人品质继承下去。

施萍婷

在"文革"那些特殊的年代，许多老先生们都受到不公正的待遇，但没有一个人要求离开敦煌。千真万确是"打不走的莫高窟人"，敦煌像一块磁铁，吸引着钢铁般的人们。他们与敦煌同呼吸，共命运，他们对敦煌如痴如醉，忠贞不贰。要问为什么，那就是因为莫高窟是值得为之献身的地方！

李最雄

段先生给我最重要的任务，就是建立一支保护的队伍。我们就像是一群给文物看病的大夫，得时时关心、牵挂着它们。

赵声良

莫高窟虽然黄沙漫漫，但我觉得就是我的家，每次回到家我就感觉很亲切，一进入洞窟，就有一种温暖的感觉，莫高窟伴随了我一辈子。

王旭东

我从莫高窟这份文化遗产，从莫高窟的先辈们，从敦煌研究院这个集体中获得了巨大的精神力量，那种在不断探索、不断坚守、不断创新、不断开拓中积淀的力量。不管我走到哪个地方去，遇到什么样的困难，什么样的挫折，只要想一想莫高窟的前辈，就觉得没有什么大不了。敦煌给我的那种力量，一定会支撑我，去解决我遇到的各种困难。

苏伯民

别人看到的是静止的物，我看到的是活的生命和无穷奥秘。壁画中的一抹绿，不仅是有机颜料、无机颜料的叠加，更蕴含着匠心巧思。在外人看来，在这样一个四面都是荒漠戈壁的环境当中，好像有点与世隔绝的味道。实际上每天来到洞窟，对壁画细节逐个进行考证、研究、查询资料，这就是我们的兴趣点所在。好像我们这些人跟这个环境已经融为一体了。

DUNHUANG LIANGQIANNIAN

敦煌两千年

敦煌研究院 编
王慧慧 著

化学工业出版社
·北京·

内容简介

沿着河西走廊一路向西，在茫茫戈壁中有一片绿洲，这里就是敦煌。

"敦，大也；煌，盛也。"这是《汉书》中的一句话，"敦煌"一词就是盛大光辉的意思，足以彰显这里显赫的过往。敦煌是古丝绸之路上的咽喉重镇，曾经风云际会，汇聚了来自南亚、地中海、中亚等地的文明，见证了古老的华夏王朝和广袤的中亚地区的历史变迁与盛衰荣辱。在这片土地上，经历过战乱纷争，也经历过繁华盛世；曾被认为是"华戎所交，一大都会"，也曾冷落萧索，春风不度。

敦煌这些被尘封的历史，留在了史书中，也留在了石窟里。在鸣沙山东麓的崖壁上，一个个石窟成了我们跨越时空与古人交流的桥梁。跨越千年，石窟中留下了几万平方米的绚烂壁画，数千身精美的彩塑，还有内容丰富的经卷文书……这是一座辉煌灿烂的艺术殿堂，也是一个文明的奇迹。

《敦煌两千年》一书将带领小读者们穿越时空，在精美的手绘插图和娓娓道来的科普文字中，见证敦煌的前世今生。现在，请进入书中，纵观敦煌的千年历史，聆听敦煌的难忘故事吧。

图书在版编目（CIP）数据

敦煌两千年 / 敦煌研究院编；王慧慧著. — 北京：化学工业出版社，2024.2
ISBN 978-7-122-44443-1

Ⅰ.①敦… Ⅱ.①敦… ②王… Ⅲ.①敦煌学 - 儿童读物 Ⅳ.①K870.6-49

中国国家版本馆CIP数据核字（2023）第218197号

责任编辑：张素芳　孙　炜　　　　装帧设计：尹琳琳
责任校对：边　涛　　　　　　　　插　　画：孙雪松

出版发行：化学工业出版社（北京市东城区青年湖南街13号，邮政编码100011）
印　　装：河北尚唐印刷包装有限公司
889mm×1194mm　1/16　印张6¼　2024年6月北京第1版第1次印刷

购书咨询：010-64518888　　　　　售后服务：010-64518899
网　　址：http://www.cip.com.cn
凡购买本书，如有缺损质量问题，本书销售中心负责调换。

定　　价：79.00元　　　　　　　　　　　　　版权所有　违者必究

推荐序

敦煌莫高窟是世界现存规模最大、延续时间最长、内容最丰富、保存最完整的艺术宝库，这里的735个洞窟、45000多平方米壁画、2000多身彩塑，历经了10个朝代的开凿，融汇了东西方文化的结晶，是世界文明长河中的一颗璀璨明珠。

为讲好这一千年文化遗迹的故事，充分展示其独有的艺术魅力和文化价值，让其蕴含的中华优秀传统文化更好地惠及当代社会。敦煌研究院自成立以来，就通过展览的方式让敦煌文化走出去，实现更广泛的文化共享。1994年还专门成立了负责展览展陈的敦煌石窟保护研究陈列中心，至今已举办各类展览近两百次，范围遍及日本、英国、美国、意大利等20多个国家，北京、上海、南京等国内20多个城市。

配合展览陈列中心开展有针对性的社会教育工作是从2008年开始的，虽起步相对较晚，但经过多年的探索和实践，也走出了一条独具特色的社教之路。目前已开发系列专题课程35项，精品课程14项。其中《九色鹿的故事》获中国博物馆协会颁发的青少年教育课程优秀教学设计奖，《博物馆之旅·体验的快乐——敦煌彩塑制作技艺体验课程》入选甘肃省博物馆纪念馆社会教育示范项目，《莫高精神——1650知多少》在首届全国十佳文博社教案例中获优秀案例奖。

但社会教育工作是一项常做常新、永无止境的工作，特别是党的十八大以来，国家将传承中华优秀传统文化，增强中华文化自信，建设社会主义文化强国提升到了新的高度。如何立足敦煌，讲好中国故事、传播好中国声音，把敦煌的美，更广泛地让孩子们看到，为增强国民特别是青少年朋友们的文化自信贡献一份敦煌力量，是时时萦绕的一个问题。近年来，陈列中心在丰富中小学生教育课程体系、共建教育项目库上做出了一些尝试，先后出版过《写给青少年的敦煌故事——敦煌之最》《壁画宝库的旖旎——莫高窟》《莫高窟——璀璨千年的梦里敦煌》等介绍敦煌石窟某类专题内容的读物，受到广泛的社会好评。在此基础上，为了更全面、更系统、更有趣地介绍敦煌，让青少年既能宏观整体地了解敦煌的历史和文化，又能培养起对敦煌文化的兴趣，《敦煌两千年》和《多彩莫高窟》这套书应时而出。

这套书的作者王慧慧毕业于兰州大学敦煌学研究所，在陈列中心工作十余年，有扎实的专业知识，也具备服务青少年的热情和共情力，曾出版过《写给青少年的敦煌故事——敦煌之最》等著作。由她执笔的这套书一改敦煌图书以文字为主的特点，针对青少年阅读的习惯，用孩子喜欢的形式，追求故事性、舒适性、趣味性，深入浅出地讲述敦煌的千年历史、石窟中的壁画与彩塑，图文并茂，全面地将知识传递出来。通过阅读这套书，希望能让孩子们感受到敦煌的魅力，喜欢上敦煌文化。

新书即将付梓，我在欣喜之余，也由衷地感谢我院同仁为传承与弘扬敦煌文化做出的探索与努力。"源浚者流长，根深者叶茂"，弘扬中华优秀传统文化，增强传统文化的生命力和影响力，才能使中华文明经久不衰、更加灿烂！

苏伯民

敦煌研究院院长

目录

上古先民	1
张骞的出使	4
远征河西	8
汉朝要塞	10
丝路之上	14
三国的治与兴	18
敦煌名家	22
西凉国都	26
西凉乐舞	28
佛行敦煌	30
千佛竞相	34
隋炀帝西巡	40
盛世华唐	46
燃灯敬佛	50
玄奘西游	52
则天女皇与"北大像"	56
沙州陷蕃	60
脱蕃归唐	62
释门巨擘	66
曹氏画院	70
回鹘崛起	72
西夏绝唱	74
昙花一现	75
淹没黄沙	76
石破天惊	78
外国来的"探险者"	82
敦煌守护人	86

上古先民

　　上古时期的某一天，狂风肆虐、飞沙搅云的敦煌迎来了一批不速之客。他们来自古老的三苗部落，因与舜作战失败，不得已才千里迢迢从气候宜人的洞庭湖附近迁移至此。如果《尚书·舜典》记载的"窜三苗于三危"中的"三危"确为敦煌南面的三危山，那么这些栉风沐雨，跋涉而来的三苗人，就是镌刻在敦煌史册里最早的先民。

三危山

　　《尚书·舜典》中记载："窜三苗于三危。"意思是舜把三苗迁到了"三危"。那么"三危"究竟在哪里呢？有些学者推测，"三危"就是现在敦煌南面的三危山。

风怎么这么大？

顺着历史的脉络和文化遗存的"映像",我们可以一窥敦煌先民的蛛丝马迹。

走进玉门清泉乡的火烧沟遗址,或许你的脑海中会浮现出某些画面:距今约3700年前的夏王朝时期,偏居西部一隅的敦煌先民正制作精美的陶器、金银饰品……从而在敦煌文明的内页上留下了浓墨重彩的一笔!

当你踏上敦煌旱峡玉矿遗址(中国发现年代最早的透闪石玉矿遗址),心中循着"西玉东输"的路线徐徐而行,便可知晓,早在3700年前甚至更早,敦煌先民就与周边地区以及中原保持着密切的经济往来。

火烧沟,是位于玉门市清泉乡的一个古老的地名。这里沟壑纵横,山峦起伏,而山沟山峁又多呈火红色,因此人们将其命名为火烧沟。

● 陶鹰形壶　　● 人形彩陶罐

● 四坝文化玉器　　● 青铜器

● 三狗钮盖彩陶方鼎　● 三角网格纹双大耳罐

● 火烧沟

陶埙

陶埙是火烧沟遗址出土的具有代表性的远古吹奏乐器。

我做的陶器,部落第一!

寒暑轮转，岁月更迭，当中原大地进入群雄逐鹿的春秋战国时代，敦煌的命运也浮浮沉沉，数次易主。乌孙、月氏（Yuèzhī）、匈奴都曾在这片广袤的戈壁绿洲上纵横多年。后来，如果不是匈奴屡屡进犯西汉边境，挑战大汉威严，或许它会与主张"休养生息"的汉王朝秋毫无犯，继续过一段"六畜蕃息、嫁妇颜色"的平静生活。但很快，他们便引火烧身了……

● 匈奴人

月氏人

起初，强大起来的月氏人把占据敦煌的乌孙人赶到了天山以北。之后，他们又被匈奴人打败，不得已也逃到天山以北。月氏人与仇敌乌孙人狭路相逢，最后溃败而走，只得越过葱岭逃至大夏国的阿姆河流域（今阿富汗）。

来吧，比比谁的箭更快！
● 乌孙人

● 月氏人

张骞的出使

公元前139年,身负神秘任务的西汉使臣张骞带着百人团浩浩荡荡地离开了长安。他们一路迤逦西行,伴着清脆的驼铃声缓缓走向大漠深处……

匈奴在边境烧杀抢掠,无恶不作,终于让西汉王朝忍无可忍。为了摸清对方的底细,联合与匈奴有宿仇的月氏人(匈奴不但赶走了月氏人,还曾将月氏王的头骨制成酒器),顺道了解河西走廊等地的风土人情,雄才大略的汉武帝决定派张骞出使西域。

大人,我们到了匈奴出没的地界,还是要小心为上。

途中,张骞一行风餐露宿,涉猎而食,即便处处谨慎,奈何还是被河西走廊的匈奴人发现,扣押了起来。然而,长达十年的囹圄之苦并没有让张骞忘却心中的使命。趁机逃脱后,他昼夜兼程,沿天山南麓抵达焉耆(Yānqí)、龟兹(Qiūcí)、疏勒,随后又跋山涉水翻越葱岭,来到帕米尔高原西部的大宛(yuān)、康居,最后终于到达了此行的目的地——大月氏。

● 张骞手中拿的是旌节,这是古代高级使者的标志,也是来往各国的凭信。

- 后来张骞随大将军卫青征匈奴有功，汉武帝为了表彰他，为他加官封侯，即"博望侯"。

何为"凿空"？

司马迁在《史记》中，把张骞出使西域称为"凿空"，是开辟道路的意思。

- 张骞出使西域的事迹也被画在了敦煌壁画中。

远征河西

公元前121年，早春时节的乌鞘岭寒气逼人。骠骑将军霍去病意气风发，手握张骞提供的河西走廊地图，站在高岗上极目远眺。而他身后则是一支训练有素的万人轻骑军……

这些终将成为我大汉国土。

从乌鞘岭进入河西走廊的短短几天，霍去病就率领骑兵一路奔袭，铁骑到处所向披靡，横扫多个匈奴部落，接连斩杀匈奴折兰王、卢胡王，歼敌近万人。随后又将据守在敦煌一带的浑邪王等打得落荒而逃。

　　同年夏天，神勇无比的霍将军再次出兵，深入敌后，歼敌三万多人。不久，浑邪王呈上降书，率领四万部众向汉朝投降。就这样，整个河西地区正式成了汉朝国土的一部分。

河西之战使匈奴失去了水草丰美、宜于放牧的祁连山和焉支山。匈奴人在其传唱的牧歌中哀叹道："亡我祁连山，使我六畜不蕃息；失我焉支山，使我嫁妇无颜色。"

这些人类又要打仗了……

汉朝要塞

河西走廊地域辽阔，虽说已经纳入大汉版图，可怎样维持它的长治久安呢？公元前111年，汉武帝特地在河西地区设武威、酒泉、张掖、敦煌四郡。从此，中国史书的行政建制部分第一次出现了"敦煌"这个名字。

只是匈奴依旧虎视眈眈，仅有"行政管理单位"似乎还不够。为了杜绝后患，汉朝又在通往西域的必经之路上设置了两个军事要塞：玉门关和阳关。有了这两个"西大门"就安全多了！玉门关和阳关矗立在敦煌以西约八十公里的地方，犹如迎风站立的忠诚卫士，一北一南扼守天山南北路的咽喉，日夜守护河西走廊的安宁。

这就是大汉的关隘？

在"列四郡,据两关"等举措的推动下,敦煌开始渐渐成为大汉经营西域的战略要地和军事重镇,扮演更重要的角色。

● 坞堡角楼

虽然有了"四郡、两关",可河西地广人稀,一点儿人气也没有!在这种情况下,西汉朝廷又搞了一次有组织、有计划的移民。这些人中有贫民、文人、田卒,还有不少刑徒和获罪的官吏。

与此同时,"修城墙"的计划也被提上了日程!公元前110年,汉武帝一声令下,开始在河西走廊建造防御性的大工程。汉长城从东面的西碱墩,沿疏勒河一路延伸北上,又曲曲折折朝西而来,经东泉、哈拉淖尔、玉门关等地直达今天的罗布泊,绵延数百里。从此,河西走廊有了一条壮丽的风景线,更有了一条坚固的屏障。

望楼

坞墙

红柳

芨芨草

芦苇

太沉了,我撑不住了!

烽燧

在汉长城沿线,分布着许多大大小小的烽燧。它们是古人的烽火台,一般建在高处。敌人入侵时,人们可以用烟火来传递重要的军事信息。

咱们这就要到敦煌了。

丝路之上

公元前119年的一天，长安城外，人声鼎沸。张骞踌躇满志，再一次向汉武帝道别，信心满满地开启了第二次出使西域的伟大旅程。这一次，他不仅带了一个多达三百人的超级使团，还携带了大量的金银细软和牛羊。

● 骆驼的耐饥渴能力超强，素有"沙漠之舟"的美誉。

到达西域后，张骞派副使们分头行动，出访了大宛、康居、大月氏、大夏、安息等多个中亚国家，向它们充分展示了盛汉的风采。于是，西域各国与大汉有了更广泛的联系，中西方之间渐渐形成了一条繁忙的陆路交通线——丝绸之路。

• 粟特人主要生活在中亚，属于典型的商业民族，曾是丝绸之路上最活跃的力量。

这次我一定要大赚一笔。

驿站

为了促进贸易和交流，保障丝路的畅通繁荣，汉朝还贴心地在这条"中西纽带"上建了不少驿站。据悬泉置遗址（迄今发现的唯一一处汉代驿置遗址）中出土的汉简记载，当时仅敦煌郡东西300公里的范围内，就有9个这样的机构。想想看，往来使者和商队如果需要补给或是歇歇脚，这些驿站通过接力的方式可以为千里丝绸之路提供有效的物资保障和交通安全保障。

别咬我巾帻！

从那以后,大大小小的使团,形形色色的商队,如潮水一般涌向这里。而敦煌,这个原本默默无闻的西域小城,因地处丝绸之路的"大动脉"上,总扼两关,就像人类的"咽喉"般重要,因此摇身一变成了中西之间频繁往来的旅途驿站和必到"打卡点"。

南朝人刘昭称敦煌为"华戎所交,一都会也"。

三国的治与兴

历史的车轮滚滚向前，随着汉朝政权更迭，地方割据势力混斗，羌人、匈奴侵扰等因素的影响，素来繁荣的丝路明珠——敦煌也受到了时代洪流的波及，日渐衰颓。东汉末至曹魏初年，河西东部地区战乱频发，敦煌与中央政府的联系几乎被彻底阻断了。很快，那里变成了地方豪强与财阀的天下，混乱不堪。直到太和年间，曹魏政权有效控制敦煌，两位太守到来……

仓慈之前，朝廷曾任命过一个叫尹奉的太守治理敦煌。但豪强、财阀如地痞恶霸一般，尹奉因为畏惧处处受限，最后还不明不白地死在了敦煌，留下了一堆烂摊子。可杀伐果决的仓慈不同，公元220年他一到敦煌，就果断出手，让那些无恶不作的豪强与财阀见识到了新官"三把火"的威力。

仓慈首先"扶正压邪"，严厉打击、抑制当地的黑恶势力，伸张正义；随后减免百姓的赋税，把赋税加到地方大户的身上；并将豪强、财阀多余的土地，分给无地、少地的百姓耕种，只让他们交付少量的土地成本；同时亲自审阅卷宗，处理长期积压的悬而未决的狱讼之事。

"大姓雄张"

人们用"大姓雄张"来形容当时敦煌豪强大族横行霸道、控制地方的乱象。

最重要的是，仓慈还发挥聪明才智，想到了很多保护胡商、恢复贸易的好办法：给去往洛阳进献财物的西域客商发放加盖官印的"通行证"，并派兵护送；那些来敦煌贸易的，就用官府的物品与他们公平交易，然后一路护送他们安全出境。

慢慢地，冷清的敦煌又变得热闹起来，重新焕发了生机。仓慈功不可没，他也因此受到敦煌百姓的崇敬与爱戴。

威望极高

天妒英才，仓慈仅在任七年就去世了。敦煌百姓以及各国胡人都悲痛不已。为了纪念他，人们不仅举办了很多吊唁活动，还为他画像造祠，表达自己的哀思。

敦煌名家

敦煌虽偏处一隅，但社会环境相对安宁。疏勒河、党河的滋养，使敦煌就像一块青翠欲滴的翡翠镶嵌在金黄色的戈壁滩上，流光溢彩。于是，中原不少世家大族纷纷迁至敦煌。大族迁入成就了敦煌发达的世家文化，而世家文化本身就是汉魏文化的继承与延续。在自由开放的文化氛围里，敦煌诞生了影响后世的文学、绘画、书法、思想大家，造就了敦煌特别的灵魂和风骨。

学习，让我们废寝忘食。

东汉名将张奂婉拒董卓的延聘，隐居在敦煌招徒讲学，学员上千人。

● 张奂祖籍敦煌，是东汉的名将、学者。

一代书法家张芝,将敦煌的历史积淀化为笔端的力量,终成"草圣";侯谨隐居山中,从敦煌的星辰和沙海中汲取灵感,凝思苦作,完成了巨著《汉皇德传》……

一笔书

张芝之前,人们写的草书基本都是"字字区别,笔画分离"。而张芝独树一帜,创造了"一笔书",这种写法的字上下牵连,极富变化,如行云流水一般,对后世影响很大。

● 书法家张芝就是张奂的长子。

西晋将领、著名书法家、书法理论家索靖,是张芝的姊孙,受张芝影响很深,以善写草书知名于世,后世有"靖得伯英(张芝字伯英)肉"之美誉。在京都洛阳太学读书求学时,索靖和其他四位同乡泛衷、张甝、索纱、索永,因成绩优异一起被誉为"敦煌五龙"。索靖还是现知最早记载与敦煌佛教遗迹有关的历史人物。《莫高窟记》载:"晋司空索靖题壁号仙岩寺。自兹以后,镌造不绝,可有五百余龛。"经考证,这座索靖题写过的"仙岩寺"就在莫高窟附近,是有文字记录的莫高窟最早的寺院。

绝食而亡

宋纤不慕名利，宁静淡泊，平日只喜欢研究经史典籍，教一教徒弟。谁料，前凉君主张祚非要拉拢、逼迫宋纤出仕，宋纤不愿屈服，最后竟绝食而死。

还有像索袭、郭瑀、宋繇（yáo）、刘昞（bǐng）这样的名家大儒。他们有的不恋仕途，一心在敦煌讲学育人，传播儒学思想；有的封官拜相，用儒家的思想修身治国……时光的脚步虽未停留，可敦煌却如留声机一样，几千年来始终留存着这些名家的故事和传说。敦煌被赋予了风骨与气韵，闪烁着文化的光芒，变成了一座响当当的文化名城。

● 索靖题字

西凉国都

公元400年，敦煌又一次迎来了它的高光时刻。这一年，敦煌从边陲重镇摇身一变成了西凉的国都。

晋朝时期，"飞将军"李广的后代里，出现了一号人物李暠（hào）。他家祖上世代为官，备受荣宠，李暠自然也有很高的"人气"。况且李暠本人通涉经史，熟读兵法，是个文武全才，后来他被推举为敦煌太守。

辞赋名家

李暠不但治理国家很有一套，文学造诣也很高，《述志赋》《槐树赋》《酒泉赋》等都是他的代表作。

李暠知人善任、赏罚有信，很受人们爱戴。后来，他在众人的拥护下建立西凉，定都敦煌。敦煌第一次以"国都"的名义被载入史册，成了当时西部割据政权的政治中心。

● 李暠一直奉晋为正统，虽割据一方，却从未称帝。

李暠建立西凉之后，搞经济，促生产，迁人口，办学校，让敦煌彻底变了样！

西凉乐舞

公元384年,前秦大将吕光奉命出征西域,除了战乱,也将龟兹乐带到了凉州。在他和沮渠蒙逊占据凉州期间,用中原旧乐和龟兹乐创造了闻名遐迩的秦汉伎。公元431年,北魏太武帝平定河西后,开始称秦汉伎为西凉乐。

西凉乐最早兴起于前秦时期的凉州一带，它的产生有两个主要源头：一是羌胡之声，其中以龟兹乐为主要成分；二是中国旧乐，以魏晋清商旧乐为主要成分。西凉乐舞就是中原汉乐与羌胡等民族乐舞的融合，也就是"胡汉兼容"。

● 在很长一段时间里，敦煌辖属于凉州。凉州有"五凉京华，河西都会"的美称。

西凉乐出现之后，在北魏、北齐、北周、隋、唐各代广为流传；大约盛唐前后，宫廷乐部西凉乐逐渐走向衰亡，但作为地域乐种的西凉乐却仍然繁盛，《凉州曲》《西凉伎》《庆善乐》等都是流行的曲目。

此西凉非彼西凉

"西凉乐舞"中的"西凉"并不单单指的是李暠创建的"西凉"，而是指整个河西地区，相当于"河西乐舞"。

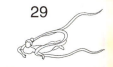

佛行敦煌

敦煌从斑斓的岁月中走过,凝聚了厚重的文化积淀。而佛教的加入,则让它变得更加灵动和鲜活。十六国时期,群雄逐鹿,社会动荡,饱受战乱之苦的百姓们渐渐沉醉于超脱世俗的佛学之中。一些当政者意识到,佛教能帮助自己巩固政权,于是也大力扶植佛教。而敦煌作为西域进入中原的第一站,自然成了佛教东传的门户。就这样,敦煌笼罩在一片绚烂的佛光里……

浮屠简

浮屠简是最早明确记载佛教传入中国的出土文献之一。文中记录敦煌有一个叫"小浮屠里"的地方,浮屠本是佛陀或者佛塔的音译。这意味着在东汉初年,敦煌已经是一个佛教信徒聚居之所,甚至都用佛教建筑"浮屠"来命名这一片居住区。

少酒薄乐。弟子谭堂再拜请会月廿三日,小浮屠里七门西入。

我似乎有所感悟。

听不明白,但感觉很厉害。

北魏时期（386—534年）的佛乐响起，梵音袅袅，肃穆的钟声直达云霄。名僧竺法护曾在敦煌城内端坐高台，聚精会神地讲经说法。他的爱徒竺法乘也继承师父的衣钵，在敦煌广授佛理。敦煌百姓受他们指引，成了忠实的佛教信徒。

后来，后秦鸠摩罗什和东晋法显等数不清的佛门僧侣也来到了这片"佛教圣地"。他们在这儿宣讲佛学思想，译经传经，使敦煌的佛教进入飞速发展期。一些寺庙、石窟在此基础上发展起来了。

敦煌菩萨

竺法护，月氏人，世居敦煌。曾走访西域各国，搜集了大量佛学经典，先后翻译了一百五十多部佛学著作，是敦煌佛学的奠基人，人称"敦煌菩萨"。

抄佛经要平心静气。

公元399年，法显从长安出发，经敦煌以及西域各国远赴天竺，是我国历史上第一位到海外取经的僧人。

白马塔

鸠摩罗什，龟兹国人，中国汉传佛教四大佛经翻译家之一。公元382年，前秦苻坚遣吕光攻打焉耆，灭龟兹时将鸠摩罗什劫至凉州。在途经敦煌时，一路驮行鸠摩罗什的白马不幸病死，敦煌城西现存的白马塔据说就是为了纪念此事。

北魏时期，敦煌出了一位佛学人才宋云。他崇慕佛法，历尽艰辛一路西行，最终从天竺带回了一百七十部佛经。北魏东阳王元荣、北周建平公于义先后做过敦煌的"父母官"。他们可都是出了名的佛学爱好者，不但偏爱撰写佛经，还热衷开凿佛窟。

● 法显："西天取经"第一人。

千佛竞相

公元366年，鸣沙山迎来了一位僧人，他挂着一杆锡杖，行走在戈壁沙海之间。这个僧人法名乐僔（Yuèzūn），他云游四海、传布佛法，一路来到了敦煌。天色渐晚，落日染红了大漠天空。乐僔环顾四野，忽然眼前一亮，不远处的三危山上金光万道，炫目的光晕笼罩山体，仿佛有千位佛陀端坐其中。

这一定是佛国圣地！

乐僔大受震撼。他决定在这里修行，并在鸣沙山东面的崖壁上开凿了一个佛窟，这就是莫高窟的第一个洞窟。

"金光"的秘密

乐僔看到的金光是什么呢？其实这是一种大气光学现象：宝光。

当太阳、人和云雾处在一条倾斜的直线上时，太阳光和云雾中的小水滴经过衍射作用形成了一个巨大的七彩光环，人的身影被投射到光环之中，就变成了神秘的"佛影"。

乐僔堂

在与莫高窟遥相辉映的三危山上，有一座乐僔堂，这是后人为了纪念乐僔禅师而修建的。

此时正值五胡十六国时期，战乱频仍，越来越多的人成为佛教信徒，鸣沙山上的佛窟吸引着善男信女前来朝拜。后来，有个叫法良的禅师来到这里，开凿了第二个洞窟，并请匠人在洞窟之中绘制壁画、塑造彩塑……

工期还剩一个月。

保证如期完成。

在这之后，崖面上出现了大大小小的洞窟，建造者有王公贵族，有富商巨贾，也有平民百姓或个人出资，或集体集资，人们认为营建佛窟是莫大的功德。

● 一朝又一代，到了唐朝，这里已经开凿了一千多座洞窟，因而被称为"千佛洞"。历经千百年的风雨，莫高窟还有735个洞窟保存至今。

它的名字

莫高窟这个名字最早出现在隋唐的洞窟题记中。有人说，莫高窟的意思是"沙漠高处的佛窟"，"漠"慢慢流传为"莫"，也就成了"莫高窟"。还有人说，这里无论地理位置还是艺术成就，都是其他石窟无法企及的，"莫高于此窟"，即为莫高窟。

如何营建一个洞窟

· 在崖壁上确定洞窟的位置。

· 石匠来修整崖面、开凿洞窟。没有爆破工具，洞窟的开凿需要人工进行。

· 木匠和泥匠合作，修建殿堂、窟檐等土木结构。

· 灰匠用黏土、棉麻混合而成的泥土把石壁抹平整，再在上面抹上白灰。

· 画匠和塑匠绘制壁画、塑造彩塑。

跟上，跟上！

● 制作壁画地仗需要多重工序

砾岩崖壁　麦草泥层　谷糠泥层　麻泥层　白灰皮　壁画层

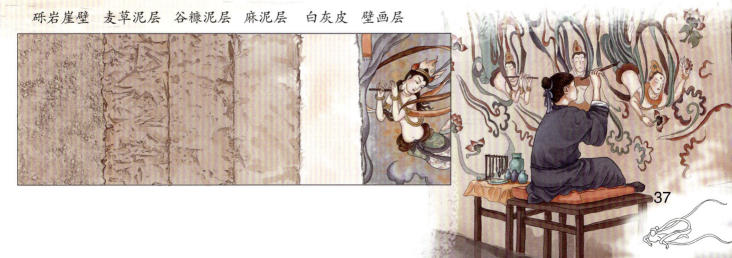

莫高窟开凿在鸣沙山东麓的断崖上，连绵起伏的"鸣沙山"宛若一条俯卧的黄色巨龙。有意思的是，这座沙山还能"演奏"出奇特的音乐，那声音或如兽吼雷鸣，或如管弦齐响，令人叹为观止！

鸣沙山是怎么形成的？

鸣沙山西侧是戈壁以及库木塔格沙漠，每当狂风呼啸，沙粒就会高高飞起。因为东、南方向有三危山和黑石峰山"阻拦"，沙粒不断沉积，久而久之，就变成了鸣沙山。

● 月牙泉边伫立着建筑群，这些建筑最早可以追溯到汉代，唐代也在此修建了亭台，只是这些古建筑都被破坏了，现有的建筑大部分是几十年前才建成的。

月牙泉地处古冲洪积扇之间的洼地，松散沉积物中的地下水源源不断地流到这里，造就了这"沙漠第一泉"。

西水沟冲洪积扇　月牙泉　党河冲洪积扇

"发声"的奥秘

鸣沙山中的细沙主要成分是石英，一旦震动、滑落，沙粒就会在气流中不断旋转，从而形成空洞，产生"空竹效应"，发出各种各样的声音，如同演奏音乐一般。

鸣沙山的怀抱中，有一汪形似弦月的碧眼清泉，名曰"月牙泉"。千百年来，它从未干涸，也没有被漫天黄沙淹没，始终闪着粼粼银光，犹如明镜一般。

咱们可以吃饭了。

是自助餐吗？

隋炀帝西巡

1400多年前的农历六月,水草丰美的焉支山草原,迎来了一大批王公贵胄。他们穿金佩玉,身披锦缎,经敦煌一路跋涉至此,是为了参加隋王朝举办的"万国博览会"。彼时,焉支花开得正艳,一场空前的盛宴由此被载入史册……

公元589年,杨坚(隋文帝)伐陈,陈后主陈叔宝投降,南北实现了大一统,之后隋炀帝杨广登基。作为丝绸之路的重要枢纽,敦煌也再次繁荣起来。可吐谷(yù)浑一直蠢蠢欲动,威胁河西走廊的安全。为了保证丝路畅通,隋炀帝决定西巡亲征。

《西域图记》

隋炀帝为了经营西域,特地派得力干将黄门侍郎裴矩掌管敦煌与张掖之间的互市贸易。裴矩在此期间,撰写了《西域图记》,详细记录了西域各国的地理、人文信息以及敦煌至西海(如今的地中海)的三条路线。这说明,丝绸之路已由南北两道发展为三道,敦煌仍是这三条道路的"咽喉"。

公元609年正月的一天，隋炀帝亲率数十万人马浩浩荡荡地向西而去。

● 这支西巡大军中既有军士、文武大臣，又有妃嫔、僧尼道士和舞乐百戏。

隋军兵强马壮，斗志昂扬，迅速横扫了吐谷浑，几乎将这支游牧民族的军队打得全军覆没。后隋炀帝拔寨前往张掖，要在战神霍去病的成名之地焉支山举办一场"万国博览会"，以彰显自己对西域边疆的雄心壮志。隋炀帝是中国历史上第一个也是唯一一个到过河西走廊的大一统皇帝。

宴会之上,豪华的观风行殿内觥筹交错,欢声笑语。杨广端坐首位,神采飞扬。文武百官和二十七国的王臣们吃着美味佳肴,时而聆听来自各地的美妙音乐,时而欣赏精彩绝伦的胡腾舞,好不惬意。通过这次盛宴,西域王臣们无不深受震撼,意识到中原帝国是何等富足、强盛。

● 隋代工匠正在雕琢塑像,隋朝短短38年间,就在莫高窟留下了100多个石窟。

- 隋炀帝特地让人演奏了来自西域、印度以及朝鲜等地的《清乐》《龟兹》《西凉》等九部乐。

哈哈——我泱泱大国！

今天算是开眼界了。

- 胡腾舞是一种男子独舞，刚柔并济，雄健奔放，当时在中原备受青睐。

观风行殿

观风行殿是木制宫殿，底部装有可移动的轮轴，据说还能像变形金刚一样，自由拆合。这个代步工具舒适又方便，还能容纳数百人，所以隋炀帝一出远门就会想到它！

袅袅香烟渐渐飘散，这场华美的盛宴也落下帷幕。宾客们不会想到，敦煌会因为隋炀帝这次西巡迎来另一个发展高潮。很快，它成了西北军政中心和商业重地，佛教文化空前繁荣。

● 隋代龛顶飞天 第206窟

隋朝以开放和包容的态度接纳外来文化，中国与印度、中亚的佛教交流也日趋频繁。莫高窟中隋代壁画逐渐由朴实向奢华过渡，并吸纳各种外来元素，三兔藻井、连珠纹等锦绣图案成为流行的纹样。

隋代还曾在敦煌的崇教寺建舍利塔，敦煌藏经洞里还出土有隋文帝的独孤皇后写的《大楼炭经》，以及其他皇室成员组织抄写的佛经。

连珠纹，也叫联珠纹，是我国古代传统装饰纹样的一种常见样式，也是波斯萨珊王朝较为流行的纹样。萨珊王朝连珠纹的特点是以连珠缀成的圆圈作为主纹的边缘，圆圈内常填以对马纹、对鸟纹、对鸭纹等纹样，也有填以波斯式的猪头纹和立鸟纹的纹样图案。该式连珠纹于隋代传入中国，唐代很是盛行。

● 隋代飞天 第407窟

盛世华唐

时光荏苒，敦煌和丝路文明携手走进了崭新的盛世——大唐。

这时的丝绸之路繁忙且辉煌，一批批来自中亚各国的商人们，赶着毛驴，牵着骆驼，带着西域的瓜果植物和奇珍异兽，络绎不绝地经过敦煌，去往富庶的长安和洛阳等地。然后，他们再把精美的丝绸、瓷器，各种各样的珍宝带到中亚和欧洲。毫无疑问，此时的敦煌已经成了"商品集散地""商旅中转站"的代名词。

终于到了敦煌，我为你献歌一曲，兄弟们给我伴奏。

老伙计，快起来！到了城里再休息。

● 唐代是丝绸业发展的鼎盛时期，不仅丝绸种类繁多，色泽华丽、饱满，花式还特别新颖，有些甚至有丰富的西域元素。

● 唐代狩猎纹灰缬绢

● 唐代宝花狮纹锦

● 唐朝丝绸之路

康居 ← 疏勒 ← 安西都护府 ← 车师（或楼兰）← 敦煌 ← 凉州 ← 兰州 ← 长安

● 公元633年，敦煌正式被更名为沙州。

唐三彩

　　唐三彩中，既有高鼻深目、身穿翻领衣的胡俑，又有栩栩如生的沙漠骆驼。它们都与丝绸之路有着千丝万缕的联系，是唐王朝频繁对外交流的佐证。

敦煌城内，商铺林立，五花八门的特色商品一应俱全；熙熙攘攘的集市上，人声鼎沸，不同肤色的商人们说着不同的语言，比画着各种手势，讲价格、谈买卖；街道两旁表演杂耍的，卖美味小吃的，讲经诵佛的，应有尽有，看得人眼花缭乱。

● 据《旧唐书》记载，天宝年间，敦煌的人口就多达11万。可见当时这座城市有多么繁华。

老伙计们，慢着点儿。

我能跟着你们的商队去长安吗？

同样让人移不开视线的，还有星罗棋布的佛塔，极尽匠心的洞窟。唐朝年间，大大小小的佛塔拔地而起，一个又一个石窟开凿而成。人们以佛教独有的方式，记录着大唐盛世下的敦煌气象，镌刻着属于它的时代烙印。

密密麻麻的石窟

盛唐是中国多民族和文化融合的鼎盛时期，据统计，唐代近三百年间，仅莫高窟就开洞279个，是历朝历代最多的。洞窟气势恢宏，在建筑、彩塑和壁画艺术上可以说是炉火纯青了。

燃灯敬佛

一元复始,大地回春,寓意美好的元宵佳节如期而至。当天际的最后一缕阳光缓缓消失,几颗星星闪耀在夜空。很快,皓月高悬,人们满怀憧憬和希望,燃起一盏盏灯火。于是,敦煌内外火树银花,处处都是灯的世界。受中原燃灯习俗的影响,敦煌元宵佳节的燃灯仪式也格外隆重。不过,这里的燃灯仪式更具有佛教特色。这天,上至官员,下至百姓,都会齐聚莫高窟,虔诚地燃灯诵佛,焚香设供,在举办斋会活动的同时,共享节日喜悦。

> 接汉疑星落,依楼似月悬。

> 好热闹啊!

> 明天一起去看百戏吧。

● 元宵节诞生于两千多年前的西汉,发展到东汉明帝时期,才有了"燃灯"的习俗。

官方节日

元宵节也叫上元节,自唐代开始得到"官方认证",成为一个重要的全民节日。在这个月圆之夜,天子、大臣、百姓会一起狂欢,共同燃灯祈福,举办各种热闹的娱乐活动,以示庆贺。

● 莫高窟第220窟经变画中,描绘着敦煌壁画中最大的灯轮。

莫高窟元宵节点满灯盏的壮丽景观从藏经洞的经卷中可以一览,《正月十五日窟上供养》写道:"三元之首,必燃灯以求恩;正旦三长,盖缘幡之佳节。宕泉千窟,是罗汉之指踪;危岭三峰,实圣人之遗迹。所以敦煌归敬,道俗倾心,年驰妙供于仙岩,大设馨香于万室。振虹(洪)钟于笋檐,声彻三天。灯广车轮,照谷中之万树;佛声接晓,梵响以(与)箫管同音。"《窟上岁首燃灯文》咏道:"每岁初阳,灯轮不绝。于是灯花焰散,若空里之分星;习炬流晖,似高天之布月。"可以想象莫高窟元宵节点满灯盏时的壮丽景观。

灯是什么样的呢?瞧,主竿上安装车轮般的层层圆盘,每层燃灯,即"灯广车轮,照谷中之万树"。据文献记载,最大的灯轮是唐睿宗713年元宵节在长安安福门安置的灯轮,在二十丈高的灯体上点燃着五万盏灯。敦煌壁画中的许多燃灯拜佛的图像,依据的就是现实中使用的植满灯盏的灯轮和灯楼形象。除了元宵节,燃灯其实是敦煌各种佛事活动的常见仪式。据《腊八燃灯分配窟龛名数》记载,腊月初八这天有遍窟燃灯的习俗,每窟燃灯数根据该窟的大小和等级决定,从一盏、两盏到七盏不等,出现"圣灯时照,一川星悬"的辉煌景观。

玄奘西游

公元627年，也就是唐太宗李世民执政的第一年，一个叫玄奘的年轻僧人悄悄离开了长安，独自踏上了未知的旅程。

他先抵凉州（今武威），再达瓜州，最后绕过玉门关，躲过官府的层层盘查，踏上了莫贺延碛（qì）大沙漠。然而，这片沙漠绵延八百多里，无飞鸟，无走兽，几乎寸草不生。风沙如同鬼魅时时萦绕在耳边，一连几天，玄奘和身边的马儿都滴水未进。谁知几近绝望的时候，他竟奇迹般地看到了沙漠尽头。

您就往那边一直走……

没有"签证"怎么办？

唐朝初年，敦煌的西、北、南三面是突厥以及吐谷浑的地盘。为了安全，朝廷特意关闭了西北关卡。人们要想出关，必须持有一种叫"过所"的"签证"。玄奘申请了几次，却都没被批准，没办法，他只能采取非常手段，选择"偷渡"。

就这样,玄奘来到了西域的第一站——伊吾。几天后,他抵达崇尚佛法的高昌国,紧接着是焉耆、龟兹、凌山……公元631年,玄奘九死一生,在穿越二十多个国家后,终于来到天竺,看到了梦中多次出现的那烂陀寺。没过多久,他开始跟随戒贤法师潜心求法,开启了难忘的"留学"生涯。

- 那烂陀寺曾经是古代印度佛教的最高学府和学术中心。

- 玄奘先在那烂陀寺学习了五年,随后用三年的时间走访天竺各地,了解当地的风土人情,还参加了僧侣的"超级辩论赛"。

- 玄奘曾到处云游拜访高僧,学习各种经论,他发现许多佛经释义大相径庭,于是决定去佛教发源地求法取经。

公元643年,阔别故土十几年后,玄奘决定返回大唐。他带着数百部珍贵的经书和满腔的热忱,一路跋涉,经帕米尔高原来到了于阗(tián)。唐太宗得知这个消息后,派敦煌官司亲自前去迎接。公元644年的秋天,已届中年的玄奘到达了敦煌,然而只是匆匆一瞥,他就离开了。不过,他却为敦煌留下了一笔宝贵的精神财富。

我终于回来了。

● 于阗是古代西域王国,十分崇尚佛教。这个国家盛产地毯、玉石和粗绸。

● 玄奘讲经

回到长安后,玄奘笔耕不辍,呕心沥血,翻译了75部、1335卷佛经,还和弟子一起完成了《大唐西域记》。他让大唐的佛学文化迎来了发展高峰,各地开始兴起尊崇佛法的浪潮。

西域门户敦煌的佛教艺术也在这场浪潮中大放异彩,进入黄金时代。一些顶级工匠以及艺术家纷纷来到敦煌,用精湛的技艺和富含盛唐风格的艺术审美,改造着这座古老的城市,让它呈现出全新的面貌。

● 翻译佛经

玄奘走上了石窟的墙!

在甘肃瓜州榆林窟以及东千佛洞的洞窟中,我们可以找到多幅西夏时期的《玄奘取经图》。在这些精美的敦煌壁画中,除了有玄奘,还有"猴王"孙悟空。这比《西游记》足足早了数百年。

● 壁画上的唐僧和悟空

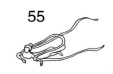

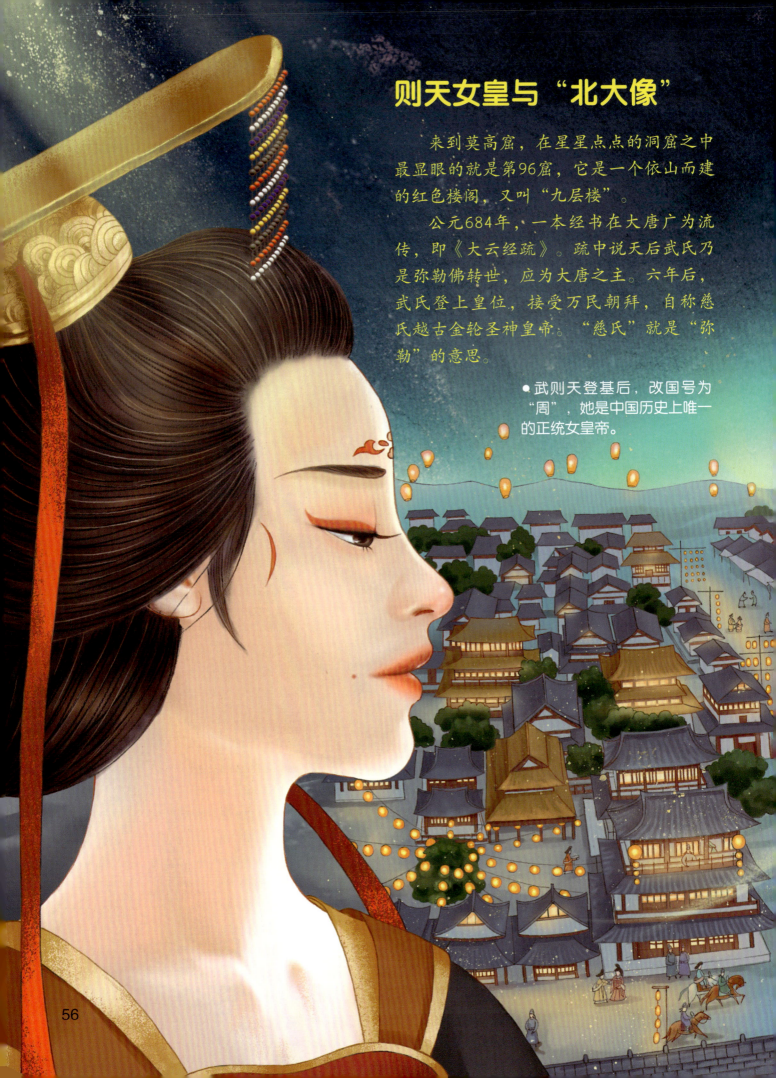

则天女皇与"北大像"

来到莫高窟,在星星点点的洞窟之中最显眼的就是第96窟,它是一个依山而建的红色楼阁,又叫"九层楼"。

公元684年,一本经书在大唐广为流传,即《大云经疏》。疏中说天后武氏乃是弥勒佛转世,应为大唐之主。六年后,武氏登上皇位,接受万民朝拜,自称慈氏越古金轮圣神皇帝。"慈氏"就是"弥勒"的意思。

● 武则天登基后,改国号为"周",她是中国历史上唯一的正统女皇帝。

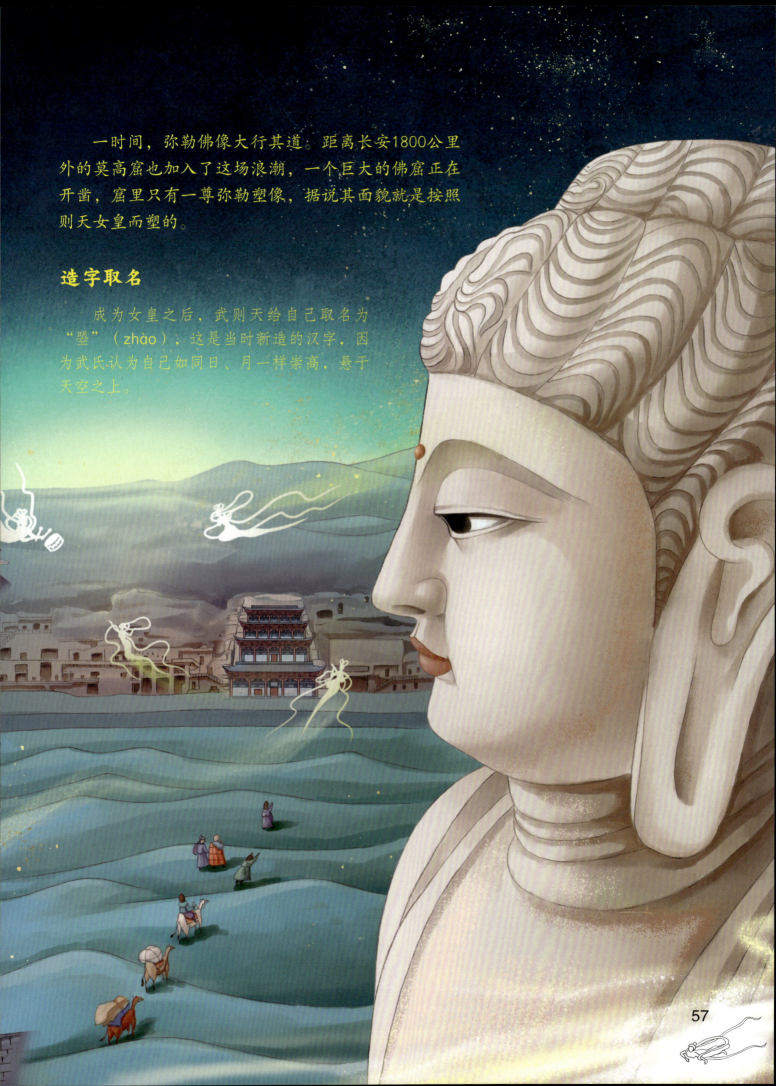

一时间，弥勒佛像大行其道。距离长安1800公里外的莫高窟也加入了这场浪潮，一个巨大的佛窟正在开凿，窟里只有一尊弥勒塑像，据说其面貌就是按照则天女皇而塑的。

造字取名

成为女皇之后，武则天给自己取名为"曌"（zhào）；这是当时新造的汉字，因为武氏认为自己如同日、月一样崇高，悬于天空之上。

第96窟展现了恢宏自信的盛唐气象，高高的木制窟檐共有九层，被称为"九层楼"。楼窟梁木交错、飞檐高耸，下面的七层利用地形依山而建，上面两层是楼窟的殿顶。

"九层楼"的木制窟檐中，巨大的弥勒佛像端坐其中，这座塑像有35.5米高，被称为"北大像"。经过精确计算，佛像恰好沐浴着自然天光，抬头望去，高大威严、庄重雍容。

四层、五层到九层

最初建造时，第96窟是四层重檐式建筑。后代重修时，外面的木制楼阁变成了五层。到了民国时期，木制楼阁重建为九层。细数已知的资料，第96窟的殿堂楼阁从公元695年到2013年，共修建了8次。

● 重檐：有两层或多层屋檐的中国传统建筑。

● 飞檐：屋檐特别是檐角向上翘起，如同飞鸟展翅。

"长高"的"北大像"

　　第96窟中的"北大像"是敦煌石窟中最大的塑像,也是中国最大的室内泥塑佛像。之前记录的"北大像""身高"是34.5米。1999年,专家们对第96窟进行了一次考古发掘,他们发现殿堂的地面下还有民国、清代、元代、西夏、唐代各时期的地面。原来,在之前一次次修整中,地面被抬高了1米,佛像的高度也随之改变。2002年,敦煌研究院宣布,"北大像""长高"了1米,应该是35.5米。

沙州陷蕃

公元755年，安史之乱爆发，唐王朝经历了一场浩劫。而相隔千里的敦煌也正在经历劫难，吐蕃（bō）趁河西防御空虚之际，出兵将敦煌附近的几个州全都收入囊中。敦煌军民苦苦坚守了11年，外无援兵，内无粮械，最终只得与吐蕃谈判，以"不损民财，勿徙他境"的条件投降。公元781年，吐蕃在敦煌开始了为期数十年的统治。

吐蕃当时的赞普是赤松德赞，他可是个妥妥的佛学爱好者！为了弘扬佛法，他曾邀请高僧昙旷入藏讲经，请汉僧摩诃衍进藏传播汉地禅法。

吐蕃占领敦煌后，不但没打压佛教，反而高度重视，实施了一系列的政策，积极鼓励开窟建寺，就连昔日不怎么受重视的僧侣，其地位也提高了不少！久而久之，原本备受冲击的唐文化焕发出新的生命色彩！

莫高窟中的吐蕃元素

神态安详、唇含笑意的涅槃佛像静静躺于佛坛之上，仿佛超脱生死；佛陀入灭，包括吐蕃赞普在内的众弟子与世俗之人悲恸举哀……敦煌莫高窟中，第158窟就是吐蕃时期开凿的。

脱蕃归唐

自安史之乱后,敦煌一直笼罩在战争的阴霾下。远在长安的天子与朝臣们,似乎早已将这个烙印着大唐名号的地方遗忘了,然而淳朴的百姓们却从未将故国从心中抹去,他们始终盼望有朝一日能和敦煌一起回到大唐的怀抱。

这时,一个叫张议潮的英雄出现了。他多方奔走,联络各处豪杰,要发动一场正义之战,结束河西数十年沦陷的历史。

收复河山!

公元848年,敦煌城外,浓烟滚滚,火光冲天。张议潮率大军以雷霆之势将吐蕃守军杀得片甲不留,顺利控制了敦煌城。紧接着,他又率领大军先后收复瓜州、伊州等11个州。捷报接踵而至,让长安都为之轰动。三年后,朝廷在敦煌设置归义军,并任命首要功臣张议潮为归义军节度使,统领11州军事。

张议潮起义得到了多方势力的支持,包括当地的名门望族、豪杰义士以及佛门僧侣。

冲啊!

接到任命后,张议潮举行了盛大的游行仪式。伴随着那嗒嗒的马蹄声,敦煌城的历史也被改写,恢复了昔日的繁华盛景。莫高窟也将这场游行记录了下来。

就这样,那随风而动的旌旗,威武神气的骑兵,身姿曼妙的舞伎,以及鲜衣怒马的张议潮,都被无名画师一一镌刻在莫高窟第156窟的南壁上。经历1000多年的岁月洗礼后,这幅壮丽的画卷至今仍旧熠熠生辉,恍若那场大游行昨日才刚刚落幕似的。

● 部分学者推测《张议潮统军出行图》中的音乐应是西凉乐,舞曲应是《万年丰》《永世乐》。

舞伎

文官侍从

- 穿红袍、骑白马的人就是张议潮。
- 《张议潮统军出行图》长8.55米,宽1.08米。

重骑兵

瞧,这队列多整齐!军乐、舞伎打头阵,文骑、武骑夹道而行,既有六纛(dào),又有旌节,气氛有了,排场也够大,简直可以用"威风八面"来形容!

骑马乐手

洪辩法师一生教授的弟子很多，著名的有唐悟真、曹法镜等人，他们都是敦煌高僧。

生是大唐子民，一辈子都是！

● 公元821年左右，洪辩法师被吐蕃赞普任命为释门都法律，后又兼职"副教授"，长达十多年。

释门巨擘

敦煌城外烽烟骤起，喊杀声震耳欲聋。城内的佛堂里，一位高僧望着远处耀眼的火光，不停地转动手中的念珠。很快，那颗颗圆润的佛珠上便沾满了紧张的汗水，然而他却浑然不知。

几个时辰之前，这位洪辩法师紧锣密鼓地将僧兵们召集起来，一队一队分派出去，就是要与城外的张议潮义军里应外合发动起义，将吐蕃人从敦煌赶出去。为了这一天，多年来他日日操练僧兵，不敢有丝毫懈怠。此刻，他心中犹如惊涛骇浪，每一秒都感觉那么漫长。直到一位僧兵匆匆归来，带回胜利的消息，洪辩法师的脸上才露出了笑容……

为了帮助张议潮收复其他失地，洪辩法师派弟子以及僧兵们继续随军，四处征战，终于完成了许多人回归大唐的梦想。唐宣宗得知此事后，感念他的功德，特地敕封他为释门河西都僧统，统管河西地区的佛教事务。

虽然在过去很长一段时间内，敦煌都陷于吐蕃人之手。但洪辩法师竭尽所能，传译佛经，大力弘扬佛法。在他的多番努力下，莫高窟的开窟、造像工作也从未停歇。回归大唐后，敦煌的佛教发展更胜从前了。

是僧人，也是战士！

国家面前，哪还管是何身份。

藏经洞

公元862年，洪辩法师圆寂。他的族人和弟子们为了纪念他，就禅室为影堂，塑了一座洪辩的真容像，并立下了一块《告身碑》。这个影堂就是曾经堆置着数万卷遗书的"藏经洞"，即莫高窟的第17窟。

● 洪辩纪念像

● 洪辩主持开凿石窟

● 洪辩像身后有一泥封，里面盛放洪辩的骨灰。

● 约公元832年，洪辩主持开凿"七佛堂"，也就是现在的莫高窟第365窟。

曹氏画院

公元867年，张议潮入朝为官，归义军节度使之位由侄儿张淮深接任。公元890年，张议潮的女婿索勋发动政变，杀了张淮深，拥立张议潮之子张淮鼎成为节度使。张淮鼎死后，索勋自立为节度使。这引起了张氏一族的不满，最终索勋被杀，张淮鼎的儿子张承奉被朝廷正式任命为归义军节度使兼敦煌刺史。公元909年，唐朝灭亡的第三年，张承奉自称白衣天子，建立西汉金山国。公元914年，敦煌王张承奉死，众人推举张议潮的外孙婿曹议金主持州事。曹议金审时度势，恢复唐朝归义军名号，经后梁、后唐、后晋、后汉、后周与北宋前期，子孙曹元德、曹元深、曹元忠、曹延恭、曹延禄、曹宗寿、曹贤顺相继主政，前后经历了120多年。

● 供养人

公元914年，敦煌归义军政权开始由曹议金执掌，此后，敦煌进入了"曹氏时代"。曹氏几代都是佛教迷，十分热衷于推崇佛学文化。

画院画家享受文官般的待遇，因一切都得顺曹氏意志，其创作的题材、风格就具有明显的程式化、模式化的特点，有好些洞窟的形制、题材、风格一模一样。但这也从侧面反映了当时主政者的思想和政治格局，如曹议金为巩固统治，与周边政权联姻，将两个女儿一个嫁给甘州回鹘（hú），一个嫁给于阗王，这种政治联姻一直延续到曹氏政权晚期。

●回鹘公主　　●于阗公主

敦煌本就有深厚的崇佛与开窟造像的传统，加之曹氏几代都是佛教迷，于是便有了官方领导的画业机构，也就是敦煌地区唯一的"宫廷画院"——曹氏画院。

咱们就这么逃了吗?

回鹘崛起

归义军时期,河西舞台上还有一股势力蠢蠢欲动,那就是沙州回鹘。两方势力相互角逐,和亲、渗透,关系时而紧张,时而和缓。这场角逐最终还是回鹘占了上风,当归义军的曹氏政权慢慢衰落时,沙州回鹘日渐强大,归义军逐渐成了它的附庸。

● 回鹘特色飞天

约公元1030年，沙州回鹘发动政变，杀害曹贤顺，曹贤惠率千骑逃往西夏求救。曹氏归义军政权灭亡，沙州回鹘实际控制了敦煌。

公元1036年，西夏打来了，以风卷残云之势夺取河西，攻占沙州、瓜州。因长期与宋、辽争战，西夏与回鹘就沙州的统治权进行了反复争夺。据史书记载，公元1023年至公元1050年，沙州政权向宋进行了7次进贡，所以不少学者认为西夏早期敦煌的实际统治者仍然是沙州回鹘。在敦煌莫高窟、西千佛洞以及瓜州榆林窟中，我们可以发现很多具有回鹘特色的壁画、文字。尽管这些文化遗产并非都诞生于同一个时期，但它们无疑向我们传达了一个重要信息，即这个民族曾长期活跃在敦煌的历史舞台上，他们所创造的文化是敦煌多民族文化的重要组成部分。

● 回鹘王和王妃

回鹘文木活字

20世纪初，人们在敦煌莫高窟发现了上千枚回鹘文木活字，这是世界上最早的活字印刷实物。

西夏绝唱

约公元1068年,西夏逐渐加强对瓜州和沙州的直接统治,特别是在瓜州榆林窟和东千佛洞创造了风格独特的石窟艺术。但公元1082年,因与北宋争战,西夏令敦煌民众大量东迁;公元1110年,敦煌发生饥荒,百姓食不果腹,只能远走他乡,这些都让原本热闹的敦煌逐渐变得冷清,走向没落,失去了昔日的地位。

- 西夏水月观音 榆林窟 第2窟西壁

- 水月观音 榆林窟 第2窟南侧
- 西夏国师 榆林窟 第29窟

昙花一现

公元1227年，所向披靡的蒙古铁骑灭西夏，占领敦煌。从此，敦煌经历了意大利马可·波罗见闻中的社会安定期，也经历了公元1292年元朝将民众移至甘州的荒芜期。在元朝的统治下，敦煌最辉煌的瞬间要数元朝晚期以宗室诸王镇守管理的时期，此时统治者重视和扶持佛教的发展。镇守沙州的西宁王速来蛮重修莫高窟的皇庆寺，还在公元1348年镌刻了有汉文、梵文、藏文、西夏文、回鹘文、蒙古文等多种文字的《六字真言碑》，显示了当时多民族、多元文化融合的特征。

- 《六字真言碑》

淹没黄沙

明朝建立后，于公元1372年设立嘉峪关作为西部边关，敦煌被弃之关外。公元1405年郑和下西洋，海上丝绸之路不断开拓。公元1516年，敦煌被吐鲁番占领，明朝政府于八年后关闭嘉峪关，敦煌彻底孤悬关外。此后的两百年间，虽然清朝对敦煌也加强了管理，但被无数佛教徒视为精神殿堂的莫高窟屡遭破坏，那些如稀世珍宝一般的遗存也逐渐被黄沙掩埋。绵延千年的佛教文化就这样一点一点沉寂，莫高窟开始进入从未有过的至暗时刻，与广袤的戈壁一起沉沉睡去……

荣耀之地的没落

明代以后，中原与中亚之间的往来干线"改道"了，不再通过敦煌，而是由嘉峪关抵达哈密，敦煌也就失去了它在丝绸之路上的关键地位。

- 郑和是明朝航海家和外交家，曾率领船队七下西洋。

- 郑和下西洋被认为是15世纪世界航海史上的一大壮举。

● 被黄沙掩埋的洞窟

石破天惊

19世纪末的某一天,敦煌城外来了一个四处云游的王道士。他途经莫高窟时,见此处背山面水,虽残破不堪,倒也安静。于是决定在此长居,做莫高窟的看守人。或许是不忍看到莫高窟如此荒凉破败,王道士开始四处化缘,努力积攒钱财,希望有朝一日能雇人清理积沙,重修这些洞窟。

王圆箓(lù)

王道士名叫王圆箓,来自湖北农村。他少时因饥荒流落到西北,还曾在军营里混迹了几年,后来才出家当了道士。

> 竟还有这样的地方。

1900年初夏，王道士终于开始实施自己的"宏伟计划"了！他满心欢喜地找来一些帮手，清理厚厚的积沙。当清理工作进行到第16窟的时候，王道士有了惊人发现：甬道北壁居然是空的！他不动声色，一直等到晚上才偷偷挖开墙壁。借着忽明忽暗的微弱光线，王道士看到了一个黑黢黢的小室，室内塞满了古老的经卷、文书和绢画！

这里还有，会是什么？

- 藏经洞里有传统的经史子集，有佛教、道教等宗教的经典，还有许多官方的、私人的文书。

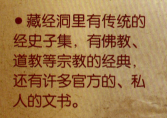

这些东西不知道值不值钱。

王道士料定这些东西十分珍贵,于是挑了一些绢画和经卷拿给当地的官绅、士大夫,结果他们压根儿不感兴趣。随后,王道士又把"宝贝"拿给了敦煌的父母官汪宗翰,但汪宗翰转手就把它们当作礼物送给了甘肃学政叶昌炽。叶昌炽倒是个识货的,隐隐觉得这些东西不简单,他向甘肃藩台建议,应该把藏经洞里面的古物统统运到兰州保存,结果得到的答复却是没有经费!不过,藩台倒是给王道士下了一道命令,要他代为看管。

事情就这么不了了之了。那些旷世奇珍也沦为世人眼中的残书破纸,变得毫无价值……

● 王圆箓还曾给慈禧太后写了一封信,告诉她自己的重大发现。但结果同样石沉大海。

藏经洞之谜

一些专业学者根据史料推测,藏经洞在公元1002年左右封闭。至于这些文献为什么会封闭在这里,人们则众说纷纭。有人认为是当时的僧侣为了使经卷免遭战争损毁,把它们藏了起来。还有一种观点认为,这些经卷不过是僧人废弃之物。但真相到底是什么,至今还是个谜团。

外国来的"探险者"

1907年的春天,一个叫斯坦因的英国探险家踏上了敦煌的土地。很快,在莫高窟,他和随行的中国师爷见到了57岁的王道士。

这是王道士第一次见到外国人,脸上的紧张一览无余。斯坦因精明又世故,不但主动和王道士攀谈,还友好地给他拍了一张照片。起初,王道士还心有戒备,不肯让长着西方面孔的洋人进入藏经洞。可很快,他的心理防线就被斯坦因瓦解了。

● 斯坦因的考古探险活动获得了英国和印度总督的支持。

这是来自英吉利的斯坦因。

你要相信,我对佛教非常感兴趣!

斯坦因自称是大唐高僧玄奘的忠实信徒，一路追随玄奘的足迹来到了这里。王道士听到他如此虔诚，大为感动，不但让他踏进藏经洞，见识一千多年前的佛国世界，还同意把各种经卷、文书低价卖给他。一年零四个月之后，贪婪的斯坦因带着装满写本和绢本、纸本绘画一共29口大箱子的艺术品，美滋滋地离开了敦煌。

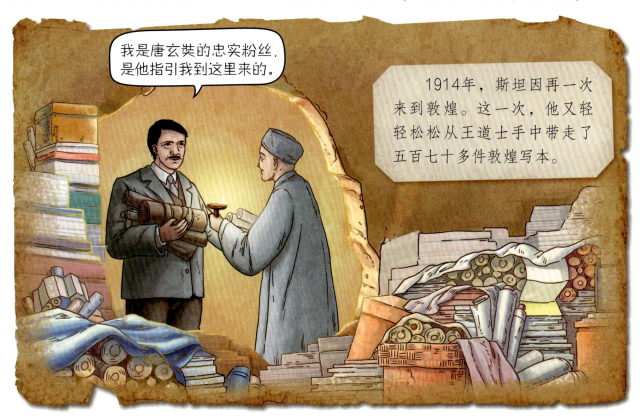

我是唐玄奘的忠实粉丝，是他指引我到这里来的。

1914年，斯坦因再一次来到敦煌。这一次，他又轻轻松松从王道士手中带走了五百七十多件敦煌写本。

世界上最早的书籍

在斯坦因劫掠的文物中，有佛教经典《金刚经》。它是迄今为止世界上最早的有刊印日期的印刷品之一，堪称"世界上最早的书籍"。如今，它被珍藏在大英博物馆。

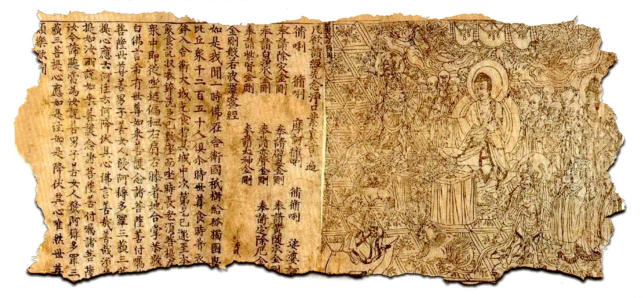

十个月后，王道士又见到了第二批外国人——伯希和的法国探险队。凭借一口流利的汉语，伯希和同样赢得了王道士的好感。整整三个星期，伯希和把藏经洞里所有的写本都翻阅了一遍！1908年5月27日，伯希和带着他仅用五百两银子换来的七千多件经卷文书和古画，满载而归。

紧接着，敦煌来了一个又一个心怀不轨的探险者。美国人华尔纳，俄国人奥登堡，日本人大谷光瑞……他们如强盗一般或拿走宝贵的文物，或凿走精美的壁画。在这番劫掠摧残之下，藏经洞的文物所剩无几，散落于世界上十多个国家。曾经流光溢彩的莫高窟，只能默默悲泣神伤。

这些人真不知道这些文物有多珍贵！

伯希和盗取的文物数量虽然没有斯坦因多，但这些都是藏经洞写本中的精华。这些文物目前大都存放在法国巴黎图书馆和吉美博物馆。

● 被华尔纳盗走的第328窟供养菩萨像

● 华尔纳

迟来的挽救

1909年,伯希和在北京得意扬扬地向中国学者展示部分敦煌遗书。包括罗振玉在内的中国学者看到后不禁痛心疾首,他们四处奔走呼吁,这才引起清廷学部的注意,下令将剩余文物运到北京。

更令人痛惜的是,在押解文物时,差役只是草草了事,并没有给文物装箱做到应有的保护,不少文物经卷不知所终。

再加上途中有不少官员层层盘剥,文物运抵北京时,只剩8000多件,其中还包括不少一分为二充数的残卷。

这些东西能有什么用?

敦煌守护人

1943年3月，莫高窟的春天仍有些许寒意。狂风吹拂着塞外的戈壁滩，骆驼刺、芨芨草同漫天尘沙共舞，似乎在欢迎着谁。没多久，一支六人的驼队向风而行，来到莫高窟。很快，这座饱经风霜、千疮百孔的佛国圣地终于有了自己的"守护神"。

六人团是国民政府教育部派来筹备敦煌艺术研究所的工作人员，其中就包括从法国归来的常书鸿。

1941年10月，国民政府检察院院长于右任到莫高窟视察，回去后向国民政府提交了成立敦煌艺术学院的议案，这才有了后来的敦煌艺术研究所。

敦煌艺术研究所成立时的研究人员

敦煌的召唤

常书鸿毕业于法国里昂艺术学校，该校在法国有很高的知名度。一次，他在塞纳河畔散步，看到了旧书摊上的《敦煌石窟图录》，这本图录收录的是伯希和从敦煌石窟里拍摄的图片，常书鸿顿时被敦煌艺术的魅力所吸引、折服。似乎是感受到了敦煌艺术的召唤，不久他就接受北平艺术专科学校的邀请，回到了国内。

1944年1月1日，国立敦煌艺术研究所正式成立，然而此时这个保护机构的人员还不足十人！为了壮大保护队伍，常书鸿不断给友人和学生们写信，号召他们到敦煌来。在他的不懈努力下，一批像董希文、张琳英、李浴的青年艺术家陆续踏上了这片土地。

与世隔绝，气候恶劣，经费困乏，条件简陋……一个又一个现实难题，磨炼着众人的意志。当抗战胜利的消息传来时，思乡情切的研究员们纷纷离开，雪上加霜的是当时国民政府也打算裁撤国立敦煌艺术研究所。

● 1950年，国立敦煌艺术研究所更名为敦煌文物研究所，1984年扩建为敦煌研究院。

● 1954年常书鸿指导研究人员临摹壁画。

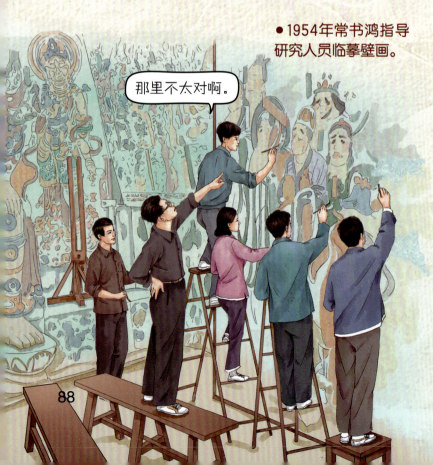

常书鸿为此去重庆斡旋，终于保住了研究所，并重新招兵买马。1946年，段文杰、霍熙亮、史苇湘等有为青年相继来到敦煌，他们在这里深深扎根，默默守护着中华民族的文化宝库。

新中国成立后，在国家的支持下，莫高窟的抢救性修复工作正式展开。紧接着，一批批专家学者从四面八方齐聚莫高窟。李其琼、李贞伯、万庚育、李云鹤、樊锦诗等的到来给莫高窟带来了无限生机，也给敦煌艺术的传承带来了希望。

一代又一代的守护者们，用青春作笔，以岁月作诗，把敦煌从断壁残垣中解救出来，让它重新焕发出生命的光彩。也孕育凝结出"坚守大漠 甘于奉献 勇于担当 开拓进取"的"莫高精神"，谱写了令世人瞩目的敦煌传奇。